사랑은 배워야 할
감정입니다

사랑은 배워야 할 감정입니다

월터 트로비쉬

Ivp

IVP(InterVarsity Press)는
캠퍼스와 세상 속의 하나님 나라 운동을 지향하는
IVF(InterVarsity Christian Fellowship)의 출판부로
생각하는 그리스도인을 위한 문서 운동을 실천합니다.

Originally Published by InterVarsity Press
as *Love is a Feeling to be Learned* by Walter Trobisch
Copyright © 1971 by Quiet Waters Publications
Translated by permission of Quiet Waters Publications

Korean Edition © 1987, 1996, 2007 by Korea InterVarsity Press
156-10 Donggyo-Ro, Mapo-Gu, Seoul 04031, Korea

Love is a Feeling
to be Learned

Walter Trobisch

차례

사랑은 배워야 할 감정입니다   9
－월터 트로비쉬

어떤 사랑 이야기   63
－잉그릿 트로비쉬

　　　　　　　　　　우리는 성(性)에 관한 온갖 책, 잡지, 광고가 넘쳐나는 시대에 살고 있습니다. 이렇게 무성한 성 담론 속에서 우리는 식상함과 피로, 심지어는 혐오감을 느끼게 됩니다. 그러나 한편 진실한 감정을 경험하고 이를 표현하려는 갈망은 더욱 커지고 있습니다. 천박한 성적 모험에 실망한 많은 사람들은 이제 성에 대한 더욱 깊은 이해를 필요로 하고 있는 듯합니다. 즉 사랑에 대한 깊고도 본질적인 이해를 기반으로 관계

가 지속될 때, 육체적 차원은 사랑의 표현 가운데 한 부분일 뿐임을 말입니다. 이 책은 바로 이런 점에서 독자를 돕고자 쓰게 되었습니다.

어떤 독자들은 이런 문제를 두고 믿을 만한 상담자와 개인적으로 이야기할 필요를 느낄지도 모릅니다. 그런 필요가 있을 때 솔직하게 나눌 수 있는 사람을 주위에서 찾을 수 있다면 이상적이겠지만, 그렇지 못할 경우에는 내게 편지를 써도 좋습니다.

어떤 신화 이야기

인도에는 남자와 여자의 창조에 관해 이런 전설이 내려오고 있습니다. 남자를 다 만들고 난 후 조물주는 자신이 고체로 된 재료를 다 써 버렸다는 사실을 깨달았습니다. 여자를 만들 차례가 되었는데 굳고 딱딱한 재료는 하나도 남아 있지 않았습니다.

오랜 고민 끝에 조물주는 다음과 같은 재료를 취했습니다.

둥근 달의 고운 윤곽선,

포도나무 덩굴의 유연함과

풀잎의 파르르 떠는 모양,

갈대의 가냘픔과 피어나는 꽃송이,

잎새의 여림과 햇빛의 눈부심,

조각조각 걸려 있는 구름과 정처없이 부는 바람,

토끼의 겁 많은 성격과 공작의 허영심,

새의 부드러운 가슴털과 다이아몬드의 견고함,

꿀송이의 달콤함과 호랑이의 잔인함,

타오르는 불꽃과 차가운 눈,

까치의 수다스러움과 나이팅게일의 청아한 지저귐,

두루미의 간교함과 어미 사자의 신실함.

조물주는 이와 같이 고체가 아닌 모든 요소를 섞어 심혈을 기울여 여자를 만들었습니다. 그리고 그녀를 남자에게 주었습니다.

일주일이 지난 어느 날, 남자는 조물주에게 와서 다음과 같이 말했습니다.

"주여, 당신이 제게 주신 피조물 때문에 삶이 괴롭습니다. 그녀는 쉴새없이 떠드는데다 참을 수 없을 정도로 저를 귀찮게 하니, 잠시도 편안히 쉴 수 없습니다. 그녀가 요구하는 것은 너무나 힘든 것뿐입니다. 저더러 자기에게만 관심을 가지라고 하며 제 시간을 모두 그녀에게 바치기를 바랍니다. 하찮은 일에도 눈물을 글썽이고 또 한없이 게으른 생활에 빠져 있지 뭡니까? 저는 도저히 그녀와 함께 살 수 없기에 다시 돌려 드리러 왔습니다."

조물주는 "그래? 좋을 대로 해라"라고 하면서 그녀를 도로 데려가 버렸습니다.

일주일이 지난 뒤, 남자는 조물주를 다시 찾아왔습니다.

"주여, 그 여자를 보낸 후 제 생활이 어떤지 아십니까? 저는 텅 빈 허무함 속에서 늘 그녀 생각만 합니다. 춤추며 노래하던 그녀의 모습, 살짝 곁눈질로 저를 바라보던 눈빛, 그리고 쉴새없이 재잘거리며 저에게 가까이 다가오던 몸짓이 눈앞에 잡힐 듯합니다. 그녀를 바라보노라면 아름다움에 취하였고, 만지노라면 부드러움에 감탄했지요. 그녀의 밝은 웃음소리가 듣고 싶어 미칠 지경입니다. 그녀를 다시 돌려 주십시오."

조물주는 "그래? 알겠다"라고 말하면서 여자를 되돌려 주었습니다.

그러나 사흘 뒤에 남자는 다시 돌아와 말했습니다.

"주여, 저는 뭐가 뭔지 통 모르겠습니다. 제 마음을 설명할 길이 없습니다. 이 피조물과 한동안 지내 본 결과 그녀는 제게 기쁨보다는 괴로움을 더한다는 것을 알았습니다. 원이오니 그녀를 제발 다시 거두어 주십시오. 그녀와 함께 살 수 없습니다."

조물주는 대답했습니다. "그래, 그런데 너는 그녀 없이도 살 수 없지 않느냐?" 그러고는 등을 돌려 하던 일을 계속했습니다.

절망에 빠진 남자의 부르짖음이 메아리쳤습니다. "아, 도대체 어떻게 해야 하는가? 그녀와 함께 살 수도 없고, 그녀 없이 살 수도 없다니!"

사랑은 배워야 하는 감정입니다

사랑이란 배워야 하는 감정입니다.

그것은 긴장이요 성취입니다.

그것은 깊은 동경이요 적개심입니다.

그것은 즐거움이요 아픔입니다.

한쪽이 없으면 다른 한쪽도 없는 것,

그것이 바로 사랑입니다.

행복은 사랑의 한 부분일 뿐입니다.

이것은 배워야 하는 진실입니다.

고통 역시 사랑의 한 부분입니다.

이것이 사랑의 신비요,

아름다움이며 동시에 사랑의 멍에입니다.

사랑은 배워야 하는 감정입니다.

실비아의 이야기

오랫동안 키워 온 꿈을 포기하는 것은 육체적인 고통만큼 아픈 것이었습니다. 그러나 지금 실비아는 이 꿈을 포기하는 것이야말로 고통에 종지부를 찍는 방법이라고 확신합니다.

그를 만나기 전, 실비아는 미래의 배우자에 대해 환상적인 꿈을 꾸고 있었습니다. 나이는 자기보다 약간 많고, 큰 키에 호리호리한 체격, 만능 스포츠맨, 지성과 풍부한 영혼, 대학을 졸업하고 시와 음악을 사랑하며 직업은 교수나 고급 공무원이면 좋겠다고 그녀는 생각했습니다.

꽃집 앞을 지나갈 때면 실비아는, 진열장에 탐스럽게 피어 있는 진홍색 장미꽃을 보며 남자가 사랑을 고백하며 꽃다발을 안겨 주는 장면을 상상했습니다.

그러나 꿈은 사라졌습니다…. 그녀 앞에 나타난 사람은 누구였을까요? 그는 그녀의 이상과는 너무나 달랐습니다. 그에게는 그녀를 감동시킬 만한 것이라곤 전혀 없었습니다. 그가 처음 데이트 신청을 했을 때 그녀는 이렇게 기도했습니다. "오, 주여.

이건 아닙니다. 제가 오랫동안 결혼 상대로 고대했던 이는 이런 사람이 아닙니다."

그는 건축을 전공한 사람으로, 그의 관심 분야는 공학이니 기술이니 하는 것이 전부였습니다. 그러나 실비아는 그런 것에 전혀 관심이 없었습니다. 게다가 그는 상당히 둔감한 편이어서 그녀에게 장미를 안겨 주기는커녕 사랑의 표시로 아무것도 선물하지 않았습니다. 그저 무뚝뚝하게 다가왔을 뿐이었습니다. 그것이 바로 실비아 앞에 닥친 현실이었습니다.

문제는 그가 감정이 없는 사람이라는 데 있지 않았습니다. 오히려 그의 감정 표현이 그녀를 몹시 힘들게 했습니다. 그녀는 그의 감정에 어떻게 반응해야 할지 몰랐습니다. 그는 감정이 매우 변덕스럽게 돌변했기 때문입니다. 한순간은 격렬하고 열정적이다가도 금세 마른 막대기처럼 딱딱하게 굳어지기도 했습니다. 그녀가 부드러운 말을 원할 때 엉뚱하게도 그는 키스를 해주었고, 그러고 나서는 곧장 축구 경기나 자기 전공에 관해 떠들어 댔습니다.

이성과 의지가 전부인 그 남자에게는 이성적 추리와 사유보

다는 자신의 직관을 신뢰하고 있는 그녀가 어리석고 유치하게 보였는지도 모릅니다. 그래서 그는 그녀에게 종종 너무 순진하고 감상적이라고 했습니다.

왜 남자는 여자 같을 수 없을까요?

때때로 그녀는 고슴도치가 되고 싶었습니다. 가시를 세운 채 굴러가 그것을 그에게 보여 주면서, 아무리 은은하게 달빛이 비치는 분위기라 해도 그가 어루만져 주기를 원하지 않을 때도 있다는 것을 깨닫게 해주려 했습니다.

그와 함께 있을 때면 자유의 요새가 그리워졌습니다. 그의 곁에서 철수하자. 자유의 깃발을 높이 내걸고 해방의 기쁨을 만끽하자. 그러나 그녀는 그를 떠나보내지 못했습니다. 아직은 때가 아니라고, 다음에, 그 다음에 헤어지자고 다짐할 뿐이었습니다.

'그 다음'이 도대체 언제였을까요? 반 년의 시간이 지난 후 그녀는 생각이 조금씩 바뀌기 시작했습니다. '자기가 좋아하는 책을 여자친구에게 보내는 사람이라면 장미꽃을 건네오는 사람보다 더 진지하고 속 깊은 남자가 아닐까?' 그녀는 그를 이해하기 시작했던 것입니다.

그가 선물한 책에는 이런 내용이 있었습니다. "나는 지금 내 마음에 감동을 주는 것들을 당신과 나누고 싶습니다. 내 삶의 일부를 당신에게 주고 싶습니다. 그리고 알고 싶습니다. 당신이 품고 있는 생각들을. 그것이 내게는 무척 소중합니다."

어느 날 그녀는 길을 가다가 멈추어 철교를 보다가 불현듯 깜짝 놀랐습니다. 처음으로 교각을 장식하고 있는 철선의 율동미와, 하늘을 배경으로 삼아 치솟은 선 하나하나의 아름다움을 느낄 수 있었던 것입니다. 또 어떤 날은 하늘을 향하여 힘차게 뻗은 고층 건물들이 멋지게 느껴졌고, 이 풍경을 그에게 보여 주어야겠다고 생각했습니다.

그저 이해받기만 하는 것은 그녀에게 더 이상 중요하지 않았습니다. 그녀는 그를 이해하기 시작했습니다. 이제 사랑의 첫 번째 교훈을 배운 것입니다. 무엇보다 꿈을 포기해야 합니다. 왜 그럴까요? 꿈이 행복을 가로막기 때문입니다.

사랑은
섹스가 아닙니다

사랑은 특별한 감정입니다. 우리 모두가 배워야 할 어떤 것입니다.

만일 이 특별한 감정을 배우지 못한다면, 즉 이성 관계에서 로맨스가 없다면 사랑과 섹스는 같은 것이 되고 맙니다. 예를 들어 내가 여러 해 동안 살며 일했던 아프리카에서는, 섹스를 사랑이라고 부르고 사랑을 섹스라 부르는 것이 여전히 엄연한 현실입니다. 거기에서는 "나는 한 여자를 사랑했다"라고 말할 때 이는 "나는 한 여자와 동침했다"라는 의미가 됩니다. 사랑이라는 특별한 감정을 배우지 못할 때, 관계는 전부가 아니면 아무것도 아닌 식의 것이 됩니다. 여기에는 중간 과정이라는 것이 없습니다.

이러한 태도가 초래하는 결과는 끔찍합니다. 여자는 자궁이라는 훌륭한 설비를 갖춘 인큐베이터에 지나지 않습니다. 여자는 인격이 아니라 사고팔고, 주고받고, 교환되고, 처분되는 물건으로 취급됩니다. 다만 남자의 욕구에만 굴종할 뿐, 자기 의지가 없는 열등한 존재가 되고 마는 것입니다. 성적 제약이 거의 없고 로맨스도 거의 없는, 즉 사랑의 중간 과정이 없는 문화에서 결국 여자는 하나의 물건, 물질, 객체로 전락하는 것이 당연합니다.

아프리카에서 나는 그들에게 무엇보다 필요한 것은 사랑하는 법을 배우는 것임을 보았습니다.

새로운 도덕?

그렇다면 과연 서양 문화권에서는 사랑을 배울 수 있다고 할 수 있을까요? 아프리카 학생들은 유럽이나 미국에 와서 어떤 경험을 하게 됩니까?

그것은 그들이 고향 아프리카에 두고 온 것과는 다른, 어떤 새로운 것일까요? 서구인들이 요란하게 떠들어 대는 '새로운 도덕'이라는 것, 흔히 성적 자유라 부르는 것을 배운다고 합시다. 그러나 그것 역시 여성을 해방시킨 것이 아니라 오히려 격하시켰고, 여성의 존엄과 인격을 실추시켰습니다. 성적 자유를 부르짖는 유럽과 미국의 '새로운 도덕' 또한 여성을 노리개, 도구,

객체로 만들어 가고 있음은 마찬가지입니다.

우리는 모두 사랑하는 법을 배워야 합니다. 그럴 때 우리는 사랑의 중간 과정 속에 새겨진 아름다움을 깨달을 수 있습니다. 예비 단계의 기쁨을 경험할 수 있습니다.

실비아는 내게 말했습니다. "우리 관계에는 편안함이 있었어요. 무언가 완성을 향해 가는 데서 오는 편안함 말입니다. 저는 이 점을 가장 높게 평가합니다. 이것은 어떤 위대함과 심오함이 깃든 편안함이었어요. 우리의 우정에 약속을 부여하는 것은, 바로 이 편안함과 경쾌함이지요."

사랑의 과정에 있는 이 편안함이란, 그리움의 고통도, 긴장으로 인한 아픔도 없다는 뜻이 아닙니다. 고통과 괴로움은 마음속 깊은 행복과 뗄 수 없는 관계에 있습니다.

고통 없이는
행복도 없습니다

고통과 괴로움이라니, 이 말에 혹시 당신은 당황하셨습니까? 그러나 괴로움 없이도 행복을 향유할 수 있다고 설득하려 애쓰는 대중 가요와 영화들은 거짓말을 하고 있는 것입니다. 많은 관계들이 실패하고, 좌절과 고통을 겪으며, 심지어 많은 결혼 관계가 천박함과 난파 상태에 이르고 마는 이유는 바로 여기에 있습니다. 고통 없이도 사랑이 자랄 수 있고, 아픔 없이도 사랑이 그 생명을 유지할 수 있다는 생각 말입니다.

사랑과 고통은 서로 배치되는 것이 아니라 오히려 서로 필요조건이 되는 관계입니다.

성 문제는 고통을 인정하지 않고, 긴장과 염려가 있는 중간 과정을 건너뛰려 함으로써 '사랑'이라는 말이 공허한 단어로 전락해 버린 데 그 깊은 뿌리를 두고 있는지도 모릅니다.

사랑하는 사람은 사랑의 슬픔을 감내한 후에 보람을 안게 될 것입니다.

고통은 그 어떤 대가를 치르고라도 제거해야 할 불순물이 아닙니다. 고통을 견디어 내고 받아들인다면 그것은 풍요와 깊이와 성장과 성취가 솟아나는 샘, 곧 행복의 샘이 될 수 있습니다.

그리하여 나는 오늘날의 대중 가요에 반기를 들며 이렇게 말하고자 합니다. **사랑하는 사람은 사랑의 슬픔을 감내한 후에 보람을 안게 될 것입니다.**

미숙한 사랑
성숙한 사랑

존은 자리에 앉아 깊은 생각에 빠졌습니다. 두려워했던 일이 다시 일어났습니다. 여자 친구가 또 절교를 선언한 것입니다.

왜 그런 일이 일어났는지, 그는 정말 이해할 수 없었습니다. 하지만 분명 그는 실수했습니다. 존은 너무 많은 것을 당연시했는지도 모릅니다. 너무 많이, 너무 조급하게.

그는 늘 그녀가 그들의 관계를 자기만큼 진지하게 받아들이

지 않는다고 느꼈습니다. 아마도 그녀에게는 그렇게 하는 것에 대한 두려움이 있었던 모양입니다.

그들은 동갑이었지만 존은 언제나 그녀에게 열등감을 느꼈습니다. 그녀 앞에 있으면 너무나 자신이 없었습니다. 심지어 그녀가 몇 살 위의 누나처럼 느껴졌고, 자신은 턱수염 난 어린애 같이 생각되었습니다.

왜 남자는 여자 같을 수 없을까요?

아무튼 그는 그녀의 결정을 받아들여야 했습니다. 그것은 고통스러웠고 그는 가슴이 쓰렸습니다. 하지만 술로 달래거나 춤으로 삭이지 않고, 그는 이 사태를 진지하게 고민해 보아야겠다고 생각했습니다. 그는 자리에 앉아 깊은 생각에 빠졌습니다.

이 고통의 목적은 진실과 거짓을 분별하는 방법을, 무엇보다 희생하는 사랑을 그에게 가르쳐 주려는 것이 아닐까, 그는 생각했습니다.

만일 온전한 희생이 무엇인지 배운다면 사랑하는 사람은 사랑의 슬픔을 감내한 보람을 얻게 될 것입니다. 상대방을 자유롭게 해주는 것, 곧 포기하는 것이야말로 가장 먼저 배워야 하는 중요한 기술입니다.

이것은 사랑의 문제에만 적용되는 교훈이 아닙니다. 나는 인류의 생존 문제 역시 우리가 소비자의 태도를 포기하고, 우리의 꿈을, 나아가 실현 가능한 욕망을 희생하는 법을 배우느냐에 달려 있다고 봅니다.

고통은 미숙한 사랑을 성숙한 사랑으로 인도해 줍니다. 미숙하고 배우지 못한 사랑은 이기적인 사랑입니다. 그것은 어린아이의 사랑, 곧 끊임없이 주장하고 바라기만 하며, 그것도 당장 해 달라고 요구하는 사랑과 같습니다. 그런 사랑은 긴장을 견디지 못할 뿐 아니라, 장애물이 되는 것은 아무것도 참지 못합니다. 그것은 요구하고 소비하고 지배하려 하는 사랑입니다.

존은 찬찬히 생각해 본 끝에 깨달음을 얻을 수 있었습니다. 여자친구를 향한 자기의 사랑을 가장 잘 드러내는 증거는 그녀에게 "아니오"라고 말할 수 있는 자유를 주는 것입니다. 또한 성숙한 사랑은 다른 사람 위에 군림하지 않고 상대방을 풀어 줍니다. 그것은 자유롭게 놓아 줍니다. 사랑 때문에 생겨난 고통이 존의 사랑을 새로운 차원으로 승화시킨 것입니다.

결혼과 사랑

결혼에 앞서 어떤 준비가 필요할까요? 사랑하는 사람은 사랑의 고통과 아픔을 감내한 끝에 보람을 얻게 되리라는 교훈을 아는 것 이상의 준비는 없다고 말하고 싶습니다. 결혼한 남녀의 사랑은 양보하고 포기하는 것을 배운 사랑이기 때문입니다.

결혼 생활에서는 더 이상 '네 것', '내 것'을 구분하지 않습니다. 대신 '우리 것'으로 합하여 부릅니다. '우리'라 말할 때 거기에는 언제나 희생과 포기가 깊게 자리잡고 있습니다.

배우자가 일하러 갈 때 함께 있고 싶은 마음을 포기하는 것. 가족의 유익을 위해 자유 시간과 혼자만의 계획을 포기하는 것. 결혼 전 혼자 누릴 수 있었던 즐거움을 포기하는 것. 자녀들을 위해 기쁨으로 희생하는 것. 그리고 무엇보다 가장 힘겨운 희생, 즉 늘 품안에 있던 자녀들이 세월이 흘러 독립하여 자기 길을 걸어가기 시작할 때 그들을 포기하는 것.

부모의 사랑

세대간에 생기는 문제 또한 여기에 뿌리가 있는 것 같습니다. 희생하는 사랑을 배우지 못한 부모들은 자녀들에게도 그런 사랑을 베풀 수 없습니다. 그들은 오리 알을 깐 암탉과 같습니다. 오리 새끼들이 헤엄쳐 가는 동안, 연못가에 서서 날개를 퍼득거리며 꼬꼬댁 하고 울 뿐입니다.

이런 부모들의 경우, 그들은 아직도 사랑에 대해 배우고 있는 중이기 때문에 오히려 자녀들이 참아야 합니다. 마크 트웨인은 이렇게 말했습니다. "나는 열여섯 살 때, 우리 아버지가 가망없는 사람이라고 생각했다. 스무 살 때는 아버지가 성숙해지셨음을 보고 놀랐다."

이와는 다른 경우도 있습니다. 때때로 부모들이 "안 된다"라고 말하는 것은 우리에게 희생적인 사랑을 가르치려는 깊은 염려에서 비롯됩니다. 이런 거절의 말에 순종함으로써 자녀는 중요한 훈련을 받게 됩니다. 훗날 그 자녀가 사랑의 실재에 직면할 때, 결혼 생활을 꾸려 나갈 때, 그리고 자녀들을 양육할 때 큰 도움이 될 수 있는 포기의 기술을 배우는 것입니다.

독신자의 사랑

포기와 단념의 기술, 이는 독신자에게도 행복의 비결이 됩니다. 자기 자아를 포기하는 것은 결혼한 사람들뿐만 아니라 독신으로 있는 이에게도 중요합니다.

이 기술을 배운 사람들은 독신일지라도 결코 외롭지 않을 것입니다. 그러나 이 기술을 배우지 못한 사람들은 결혼을 했을지라도 늘 외로울 것입니다.

결혼을 했든지 안 했든지 우리에게 주어진 과제는 동일합니다. 성취되지 않은 욕망이 쌓여 있음에도 불구하고 성취된 삶을 살아야 한다는 것입니다.

독신자들에게도 사랑은 배워야 할 감정입니다. 결혼하지 않은 사람들은 사랑을 포기할 일이 없다고 할지 모르지만, 그들도 결혼한 사람들과 마찬가지로 포기할 줄 아는 사랑을 배워야 합니다. 결혼하고 싶은 욕구는 행복한 독신 생활의 조건이라고까지 말할 수 있습니다.

결혼 여부에 상관없이 우리가 직면해야 하는 과제는 동일합니다. 그렇다고 우리의 현재 상태가 결코 변하지 않을 것이라고 생각하는 것은 오산입니다. 지금 이 모습 그대로 삶의 종국까지 이어지리라는 공포에 짓눌릴 필요는 없습니다.

결혼한 사람들도 갑작스런 배우자의 죽음을 맞아 결혼 생활이 끝날 수도 있기에 그들은 제한된 시간 동안만 결혼 생활로 부름받았다는 것을 깨달을 수 있습니다. 혼자 산다는 것 역시 거쳐야 할 하나의 과정일 뿐입니다.

하나님은 우리가 체념과 실망에 빠져 인생의 문제를 쉽게 단정짓는 것을 좋아하시지 않습니다. 하나님은 우리가 오늘 주어진 삶을 온전히 살아 나가고, 자신감과 용기를 가지고 우리 삶에서 모든 가능성을 기쁨으로 발견하기를 바라십니다.

에블린 이야기

에블린은 버스 좌석에 앉아 눈을 감았습니다. 다른 이들이 보기에는 잠깐 잠이 든 듯한 모습이었습니다. 그러나 그녀의 가슴은 덜컹거리는 버스의 리듬을 타고 노래하고 있었습니다. '그는 나를 사랑하고 있어. 나는 그의 아

내가 될 거야. 그리고 그는 내 남편이 되겠지.'

그녀는 결코 이해할 수 없었고, 설명할 수도 없었습니다. 그녀의 어머니에게도, 아주 가까운 친구에게조차도. 다만 그들이 서로를 바라보았던 순간, '나는 당신을, 오직 당신만을 평생 사랑하기 원해요'라고 말하는 눈빛을 느꼈고, 마음속에는 확신이 자리잡았습니다.

칼은 어떻게 그녀의 마음을 얻은 것일까요? 그녀를 마음에 두었으면서 처음엔 무관심한 척하는 고단수였을까요? 그는 다른 사람보다 더 세련되고 영리한 방법이라도 썼던 것일까요?

아닙니다. 그에게 어떤 특별한 비결이 있었던 것이 아닙니다. 그는 조심스럽고 수줍게 여자의 새끼손가락을 잡으면 그 다음에는 손 전체가 저절로 따라올 것이라는 식의 고차원적 수법을 쓰는 사람이 아니었습니다.

칼이 친구 사귀는 방식을 에블린이 이해하게 된 것은 아주 사소한 사건을 통해서였습니다. 그녀가 대학교 1학년이었던 어느 토요일 저녁이었습니다. 그는 그녀가 주말이면 늘 가족과 친구들을 만나러 고향에 간다는 걸 알면서도 데이트 신청을 했습니

다. 그가 학교에서 상연되는 연극을 함께 보자고 했을 때, 그녀는 초청에 응했습니다. 그리고 그는 그녀가 고향에 가는 것을 포기한 것에 대해 무척 고마워했습니다.

그의 이러한 행동을 통해 에블린은 그가 원하는 것이 단순히 즐거운 시간을 보내는 것도 아니요, 몇 시간 같이 지낼 파트너를 찾는 것도 아님을 깨달았습니다. 그의 초청은 그녀를 진심으로 원하는 마음의 표현이었던 것입니다.

사랑은 배워야 하는 감정입니다. 그녀는 사랑이 결코 섹스로는 배울 수 없는 것임을 마음 깊이 깨달았습니다. 만약 섹스라는 경로를 택했다면, 지금 느끼는 것과 같은 사랑의 확신까지는 이를 수 없었을 것입니다. 마치 시끄러운 드럼이 플루트의 곱고 여린 멜로디를 삼켜 버리듯이, 섹스는 그녀의 귀를 혼탁하게 어지럽혀, 사랑의 선택에 필수적인 낮고 부드러운 울림을 듣지 못하게 했을 것이 틀림없습니다.

칼 역시 나이팅게일의 청아한 지저귐을 듣지 못했을 것이고, 풀잎의 떨림, 포도나무 덩굴의 유연함과 화창한 햇살도 느끼지 못했을 것이며, 하늘에 조각조각 걸린 구름도, 정처없이 불어오는 바람도 느끼지 못했을 것입니다.

아마도 그들은 사랑의 과정에 깃든 아름다움, 힘든 기다림과 즐거운 긴장감과 그들을 견고한 행복으로 이끈 사랑의 고통을 한꺼번에 놓쳐 버렸을 것입니다.

에블린은 섹스가 그들의 사랑이 성숙할 기회를 막아 버릴 것임을 알았습니다. 그것은 마치 4월에 핀 꽃을 꺾어 버리면 가을에 사과를 수확할 수 없게 되는 것과 마찬가지입니다.

왜냐하면 사랑은 섹스를 통해서 성숙하는 것이 아니기 때문입니다. 사랑이 성숙하여 섹스로 이어져야 합니다. 에블린에게는 사랑이란 무엇보다도 자신감과 신뢰, 우정과 동행, 함께 나누는 희망과 슬픔을 의미합니다. 신뢰와 지속적인 관계를 요구하는 사랑, 영속성과 떨어질 수 없는 관계 속에서 정의되는 사랑. 이것이 그녀의 생각이었습니다.

친구와의 약속 장소에 버스가 가까워지는 동안, 에블린은 생각했습니다. 혼전 성관계를 허용하거나 그것을 원하는 여성들은 내면 깊은 곳에 있는 감정과 갈망을 억누르고 있는 것이 아닐까? 그들이 더 열정적이라고 생각하는 것도 하나의 편견이 아닐까?

노처녀

노처녀(old maid)란 누구를 말합니까? 나는 노처녀란 사랑할 수 없는 사람이라고 정의하겠습니다. 자신의 감정을 억누르고 자신에게 '예스'라고 말하지 않는 사람 말입니다. 우리 주위에는 십대의 노처녀도 있고, 결혼한 노처녀도 있고 심지어 남자들 중에도 노처녀가 있습니다.

노처녀의 반대는 처녀입니다.

처녀성은 소극적인 개념이 아니라 매우 적극적인 것입니다. 그것은 여성에게 있는 가장 깊은 본성의 요구에 부합하는 것입니다. 충만한 사랑을 위한 준비입니다.

섹스는 한 소녀를 노처녀로 만들어 버릴지 모릅니다. 그러나 처녀성은 그녀를 한 여인이 되도록 이끌어 줍니다.

사랑은
보호받아야 합니다

칼은 에블린을 향한 자신의 사랑이 성숙하게 된 가장 큰 요소는 그녀의 처녀성이라고 생각했습니다. 댐이 수력을 전기로 전환시키는 것처럼 성적 욕구를 잘 제어할 때 성의 힘은 사랑으로 전환됩니다.

그녀가 소유한 처녀다운 태도 두 가지는 매력과 정숙함이었고 그것은 그에게 도움이 되었습니다. 둘 중 하나만으로는 충분하지 못합니다.

매력, 그것을 통해 에블린은 그가 그녀를 사랑하되 그 사랑을 위해서 기꺼이 대가를 지불하고 희생하는 것을 배우게 해주었습니다.

정숙함, 그것을 통해 그녀는 그의 관심이 육체를 넘어선 영혼으로 기울게 했으며, 의지와 이성의 영역에 사는 데 익숙한 그가 자신의 영혼을 발견하도록 도왔습니다.

칼은 생각했습니다. 이 영역에서는 여자가 남자의 교사가 아닐까 하고 말입니다. 만약 그녀가 정숙하지 않고 그저 매력적이

기만 했더라면 그는 결혼이 아니라 모험으로 치달았을 것입니다. 정숙함이 없는 매력은 그를 유혹하여 자신의 욕망을 가능한 가장 싼 값에 채우도록 이끌었을 것입니다.

그녀가 그의 욕망에 자신을 내주었다면, 그녀는 더 이상 그에게 매력적이지 않았을 것입니다. 그렇습니다. 그는 그녀를 사랑했고, 그녀를 잃고 싶지 않았기에 그녀가 거부하기를 은근히 바랐습니다.

섹스를 거부하는 것은 그것을 허락하는 것보다 그녀의 사랑을 더 강하게 증명했습니다. 섹스를 허락했다면 아마 그들의 사랑은 손상되었을 것입니다.

분명, 사랑은 섹스 때문에 상처받을 수 있습니다. 나아가 섹스는 사랑을 죽이기까지 하는 무서운 결과를 가져오기에 충분합니다. 사랑은 보호받아야 합니다.

이런 점에서 주의를 기울여야 할 성경 말씀이 있습니다. 바로 창세기 2:25입니다. "아담과 그의 아내 두 사람이 벌거벗었으나 부끄러워 아니하니라." 그들은 벌거벗었지만 부끄러워하지 않았던 것입니다.

'벌거벗었으나'는 신체적 의미만을 뜻하지는 않습니다. 그것은 두 사람이 서로 벌거숭이로 마주 서서, 덧입은 것도 꾸밈도 없이 있는 모습 그대로를 숨기지 않고 보인다는 의미입니다. 그는 내게, 나는 그에게 서로를 보이면서도 조금도 부끄러워하지 않습니다.

그러나 이 성숙한 사랑의 궁극적인 목적은 공개적이고 법적으로 결혼의 관문을 통과한 사람들에게 해당하는 약속입니다. 그래서 이 구절의 바로 앞에는 남자와 여자가 부모를 떠나 연합한다는 내용이 있습니다.

이 두 사람은 결혼 안에서 한 몸을 이룹니다.

이 두 사람은 결혼 안에서 엄청나게 어려운 과제를 완수할 것입니다. 그것은 서로의 모습을 있는 그대로 직면하고 더불어 동고동락하며 살아가는 것, 벌거벗었으나 부끄러워하지 않는 것입니다.

"벌거벗었으나 부끄러워 아니하더라." 성경은 이 말씀을 '알다'라는 단어를 사용하여 설명하고 있습니다. '아담은 그 아내 하와를 알았다.'

이러한 의미의 앎은 결혼 이외의 관계에서는 불가능합니다. 만일 그것이 결혼 전에 시도된다면, 사랑은 상처투성이가 되어 마침내 소멸되어 버릴 것입니다.

그러기에 사랑은 배워야 할 뿐 아니라 보호받아야만 하는 것입니다.

하나님의 뜻

사랑은 하나님의 뜻 가운데 보호되어야 합니다. 인간의 이성만으로는 사랑을 보호할 수 없습니다.

그러나 오늘날의 풍조에서는 사랑이라는 미명하에 하나님의 뜻에 의혹을 제기합니다.

그 옛날 에덴 동산에서 뱀이 하와에게 물었던 질문을 오늘날에도 사람들은 묻습니다. "과연 하나님이 그렇게 말씀하셨는가?"

결혼 전이라도 섹스를 허용하여 기다림의 고통을 덜어 주는 것이 사랑이 아니냐고 사람들은 묻습니다.

십대들에게 자위 행위를, 심지어 동성 연애를 권장함으로 성교육을 시키는 것이 사랑이 아니냐고 사람들은 묻습니다.

　고교생들에게 피임 기구를 주는 것은 사랑이 아니냐고 사람들은 묻습니다.

　당신의 배우자가 다른 사람을 사랑하고 있다면 그 사람과의 관계를 허용하는 것이 사랑이 아니냐고 사람들은 묻습니다.

　미혼녀에게도 아기를 가질 권리를 주는 것이 사랑이 아니냐고 묻는 사람들이 있습니다.

　영화 한 편이 떠오릅니다. 히틀러 시대 독일에서 상영되었던 영화입니다. 난치병을 앓고 있는 아름다운 아내가 있는 의사가 있었습니다. 그녀는 병으로 너무나 큰 고통을 받았고 마침내 의사는 진통제를 과다 투여하여 그녀를 죽이게 됩니다. 그가 살인죄로 재판대 앞에 서게 되었을 때 그는 이렇게 자기를 변호했습니다. "나는 아내를 사랑했습니다."

　그는 '살인하지 말라'는 하나님의 명령에 대해 '사랑'이라는 이름으로 이의를 제기하고 있는 것입니다.

　1940년에 상영된 그 영화는 히틀러의 기준으로 볼 때 살 가치

가 없는 사람들을 멸절시키고 가망 없는 병자들과 정신이 온전치 못한 사람들을 학살하기 위한 심리적 준비 작업으로 이용되었습니다. 그 결과는 무엇이었습니까? 끔찍하게도 포로 수용소의 가스실에서 600만 명의 유대인이 학살당했습니다.

만일 사람들이 스스로 사랑의 기준을 세우려 한다면, 우리는 사탄의 손아귀에 떨어지고 말 것입니다. 나치 독일이 '사랑'이라는 기준을 세우고 '살인하지 말라'는 계명에 이의를 제기했을 때, 그 나라는 사탄의 권세 아래 떨어지고 말았습니다. 마찬가지로 오늘날 우리가 '사랑'이라는 미명하에 '간음하지 말라'는 계명에 이의를 제기한다면 역시 사탄의 손아귀로 추락하는 것입니다.

우리는 사랑이 무엇인지 모르기에, 사랑은 사랑 그 자체이신 그분에 의해 보호받아야 합니다. 사랑과 하나님의 뜻 사이에 모순이란 존재하지 않으며 존재할 수도 없습니다. 즉 온전한 사랑의 행위는 하나님의 계명에 배치될 수 없는 것입니다.

우리가 계명을 범한다면, 그 당시 상황에서는 즉각적인 결과가 나타나지 않는다 해도, 언젠가는 반드시 우리 이웃을 해치게

끔 되어 있습니다. 그러나 하나님은 우리가 처한 상황보다 크신 분이기에, 우리가 볼 수 있는 것을 넘어 이미 보고 계십니다. 그분은 상황을 스냅 사진처럼 단편적으로 보시는 것이 아니라 한 사람의 생애 전체를 영화처럼 보고 계십니다.

사랑과 순종

전 생애를 아우르는 조망은 단편적인 스냅 사진과는 다른 그림을 보여 줍니다. 젊은 아프리카인 부부인 프랑수아와 세실의 경우에서 나는 그것을 보았습니다. 그들과 나눈 편지들은 「나는 한 여자를 사랑하였다」(컨콜디아사 역간)라는 내 책에 수록되었습니다.

이 책을 읽은 사람들은 프랑수아와 세실이 함께 도망하는 것 외에는 다른 방법을 찾지 못했던 것을 기억할 것입니다. 그래서 그들은 법적인 결혼 관계가 성립되기 이전에 신방을 차리게 되었습니다.

우리 중 누가 그들을 판단할 수 있을까요? 우리는 그처럼 어

러운 지경에서 그들이 선택한 행동에 대해 인간적으로 이해할 수 있습니다. 그러나 세월이 지난 지금 그들을 찾아가 예전의 행동에 대해 묻는다면 그들은 후회한다고 말할 것입니다. 설사 그들의 결혼 생활이 행복하다 할지라도 그들은 결혼 전에 신방을 차린 행동이 결과적으로 사랑에 도움이 되기보다는 해를 끼쳤다고 말할 것입니다.

전체적인 맥락을 떠나 한 장의 스냅 사진만을 꺼내들어 볼 경우, 우리는 인간적으로만 이해하기 쉽습니다. 혼전·혼외 정사, 또는 아름다운 거짓말이나 관대한 살인이 어떤 면에서는 사랑으로 보일 수도 있을 것입니다. 하지만 생애 전체에 초점을 맞추게 되면, 이 모든 것이 달리 비치게 마련입니다.

엉망진창이 된 생활을 가만히 살펴 본다면, 문제의 실마리는 하나님의 계명을 어긴 데 있음을 알게 될 것입니다.

예수님은, "너희가 나를 사랑하면 나의 계명을 지키리라"(요 14:15)라고 말씀하십니다. 예수님을 사랑하지 않고서 우리는 이웃을 사랑할 수 없습니다. 예수님께 순종하지 않고서 그분을 사랑할 수 없습니다.

진정으로 사랑하는 자만 순종할 수 있으며, 순종하는 자만 온전히 사랑할 수 있습니다.

"그의 계명들은 무거운 것이 아니로다"(요일 5:3). 계명은 짐이 아니라 우리를 돕는 것이며, 부담이 아니라 힘이 되어 주며, 무력하게 하는 것이 아니라 성숙하게 해줍니다.

실로 어기는 것보다 지키는 것이 더 간단합니다. 우리가 스스로의 기준으로 선악을 분별하고 따지려 든다면 우리 인생은 너무나 어렵고 복잡해질 것입니다.

내가 아는 몇몇 사람은 오늘날 혼전 섹스가 십대들 사이에서 일반화되고 있다고 주장합니다. 깜짝 놀랄 정도로 높은 통계 수치가 발표되고 있는 실정입니다. 나는 이러한 사실에 대해 이렇게 제안하고 싶습니다. 이 방면에 대한 통계 수치를 주의 깊게 생각해 봅시다. 남녀의 성행위에 관하여 과학적으로 믿을 만한 결과를 도출할 수 있는 간단한 방법은 없습니다.

그러나 혹시 이러한 수치가 사실이라 할지라도, 즉 혼전 관계를 갖는 비율이 높다 할지라도 그것이 어떻다는 말입니까?

언제부터 그리스도인이 통계 수치에 좌지우지되었습니까?

언제부터 그리스도인이 다수가 하는 행동에 의식 없이 동조하였습니까? 우리는 "하나님의 소유된 백성"(벧전 2:9)입니다. 그렇지 않습니까? 그리스도인은 오직 생존을 위해 보호색을 찾기에 여념이 없는 겁 많은 동물이 아닙니다. 그 반대로 우리 고유의 색깔을 나타내지 않는다면 우리는 결코 살아 남지 못할 것입니다.

본회퍼는 이렇게 말합니다. "비범한 것만이 본질적으로 기독교적인 것이다."

카린의 이야기

사랑과 성에 대한 생각을 정리하면서 내가 카린과 나누었던 이야기를 소개하고자 합니다. 대화 중에 카린은 남자 친구와 농도 짙은 애무를 하긴 했지만 '마지막까지'는 가지 않았다는 것을 몇 번이고 주지시키려 했습니다.

나는 그녀에게 어떤 질문도 하지 않았습니다. 그런데 다음날 다시 찾아온 카린은 '마지막까지 간다'는 표현이 무엇을 의미하는지 알고 싶어했습니다.

그래서 "그것이 의미하는 건 완전한 육체적 결합이라고 생각하는데"라고 대답을 했더니, 그녀는 그 대답에 만족하지 못하고 고개를 갸우뚱거렸습니다. 그녀는 좀더 정확하게 설명해 달라고 했습니다. 그래서 나는 단정적으로 "그것은 남자의 성기를 여자의 질에 삽입하는 것"이라고 말했습니다.

그녀는 잠시 망설이다가 심각하게 말했습니다. "만일 그런 뜻이라면 우리 두 사람은 마지막까지 갔습니다."

그러고는 말하기를, "제가 어제 거짓말을 했다고는 생각하지 말아 주세요. 선생님은 마지막까지 가는 것이 무엇을 의미하는지 저에게 구체적으로 말해 준 첫 번째 사람입니다. 제가 처음 월경을 했을 때 어머니는 '조심해라. 절대로 더럽혀서는 안 된다'라고 막연히 말씀하셨을 뿐이에요."

"안타깝게도 그것이 제가 받은 성 교육의 전부였어요. 왜 사람들은 변죽만 울리고 말죠? '마지막까지 가서는 안 된다. 지나치면 안 된다.' 그러나 알 게 뭔가요? 지나친 것이 무엇인지 아무도 말해 주지 않았는데요. 포옹이 지나친 것인가요? 키스가 지나친 것인가요?"

카린은 흥분해서 도전적으로 말했습니다. 그녀는 정확한 설명이 필요했던 것입니다. 나는 젊은이들과 대화를 나누면서, 그들이 때로 눈물을 흘리며 자신은 마지막까지 가려고 의도하지 않았지만 멈출 수가 없었다고 호소하는 말을 많이 들었습니다.

더 나은 대답을 알지 못하는 나로서는 이렇게 말해 줄 수밖에 없었습니다. "멈출 수 없는 지점이란 대개 함께 누워 옷을 벗는 상태"라고.

사실 모든 장소와 모든 사람에게 맞는 일반적인 규칙을 만들어 내기란 매우 어려운 일입니다. 그렇지만 이것이 하나의 지침이 될 수는 있습니다. 더 민감한 양심을 가진 쪽이 상대방을 도와야 한다는 것. 손가락을 살짝 때리는 것이 열정적인 프렌치 키스보다 훨씬 큰 사랑의 표현이며 증거가 될 수 있습니다. 그러면 상대방에 대한 존경이 자라고 사랑이 오히려 깊어질 것입니다. 반면에 '마지막까지 가는 것'은 사랑의 과정을 삭제하는 편법이며 사랑의 감정에 종말을 고하는 것입니다.

"섹스는 사랑을 손상시키나요?" 나는 대답했습니다. "그래, 카린. 확실히 그럴 수 있단다."

준비된 사랑

결혼도 하기 전에 아기가 태어나기를 기다리고 있는 학생 부부가 내게 보낸 편지가 기억납니다. "이 모든 일들이 사랑 안에서 행해졌다는 사실이 중요하지 않습니까?"

나는 이렇게 답했습니다. "사랑이라고요? 제대로 갖추어지지 않은 가정에서, 전혀 준비되지 않은 채 아기를 태어나게 하는 게 사랑인가요? 진로 문제가 혼란에 빠져 버렸는데 당신 파트너를 사랑한다고요? 부모님을 당혹하게 만들고 부끄러워하게 하고서도 사랑이라고요? 아마도 당신은 한 가지 문제를 해결했을지 모르겠군요. 성적 긴장감에서 해방된 것이죠. 그러나 당신은 더 많은 긴장을 새로 만들어 냈습니다. 결혼식, 가정, 생계, 직업 등에서 말입니다. 그런데도 사랑이라고요?"

사랑은 하나님의 뜻에 따라 보호받지 않을 때 손상되고 맙니다. 섹스는 사랑을 손상시킵니다. 하나님은 그것을 결혼 안에 제한하심으로 사랑을 보호하십니다.

소녀들은 '사랑'하기 때문에 혹은 그들 나름대로 그것이 사랑이라고 생각하기 때문에 자신을 내어줍니다. 그런데 그들이 자신을 준 남자와 결혼합니까? 꼭 그런 것은 아닙니다. 어둡고 답답한 삶은 이렇게 시작됩니다. 안타깝게도 카린의 어머니처럼 대책 없는 어머니를 가진 소녀들을 위해 나는 이렇게 단호히 반복하고 싶습니다. "단 한 번의 성교를 통해서도 임신할 수 있습니다."

카린은 다시 말을 이었습니다. "그러나 만일 여자가 임신하게 되었다면 여자에게만 잘못이 있는 건가요? 제가 임신을 걱정했더니, 그 사람은 자기가 조심하겠노라고 당부하면서 두려움을 달래 주었어요."

"처음에 저는 그가 '조심하겠다'고 말한 의미가 무엇인지 몰랐습니다. 그러나 지금은 알아요. 그는 성기를 빼서 내 몸 밖에서 사정을 했어요. 그런데 저는 그런 식의 성 경험으로부터 만족감을 얻지 못했으니 우리가 '마지막'까지 간 것은 아니라고 생각했어요."

나누고 싶은 이야기

나는 카린이 솔직하게 이야기해 준 것이 무척 기뻤습니다. 이런 경우와 같은 임신 조절법은 남자에게는 어느 정도 만족감을 줄 수 있지만 여자에게는 거의 그렇지 못합니다. 이러한 갑작스러운 성교―소녀에게는 그렇습니다―로 인해 소녀는 훗날 성적 불감증이나 혐오감, 반감, 나아가 역겨움까지 갖게 될 가능성이 높습니다. 결정적으로 이는 결혼 생활에까지 장애가 될 수 있습니다. 그렇게 해서 사랑은 다시 상처를 입습니다.

이러한 점 외에도 그러한 피임법은 아름답지 못합니다. 또한 절대적으로 안전한 것도 못 됩니다. 남자가 성기를 빼야 하는 시점을 착각하기 쉽기 때문입니다.

"임신을 조절하는 절대적으로 안전한 방법은 없나요?" 하고 카린은 물었습니다.

나는 안 됐지만 그런 방법은 모르겠노라고 말할 수밖에 없었습니다. 콘돔은 파열될 수 있고, 피임용 페사리 좌약은 잘못 넣을 수 있습니다. 여성의 생리 주기를 따져서 불임 기간을 이용하는 방법(이것은 그 효과가 먹는 피임약과 같은 것으로 평가되는 기초 체온 측정법이나 배란법과는 다릅니다) 역시 그 기간이 늘 규칙적이지 않기 때문에 확실히 안전한 것은 아닙니다. 특히 혼전에는 더욱 믿을 만한 것이 못 됩니다.

더욱이 피임약을 복용하는 것도 그렇게 간단하지 않습니다. 첫째로, 피임약은 적절한 것이어야 하고 정밀 검사를 거친 후에 의사의 처방에 따라 사용되어야 합니다. 또 피임약 사용법을 알고 있다 해도 월경과 월경 사이에는 매일 복용할 때에만 효과가 있다는 것을 명심해야 합니다. 단 하루만 빠뜨려도 효과가 없을 수 있습니다. 흔히 필요한 경우에 미리 피임약을 삼키기만 하면 된다는 생각을 가지고 춤추러 가는 길에 지갑에 약을 넣고 안심하지만, 아무 소용없는 일입니다.

게다가 피임약을 오랫동안 복용하면 여성의 건강을 몹시 해치게 됩니다. 호르몬의 정상적이고도 미묘한 균형을 깨뜨릴 수 있기 때문입니다. 피임약 연구의 권위자인 오스트리아의 유명한 의사 조세프 뢰처는 피임약을 가리켜 '생물학적인 원자탄'이라고 말했을 정도로 위험합니다. 미국의 공중보건 전문의 라트

너 또한 이를 가리켜 "벼룩을 잡기 위해 큰 망치를 사용하는 것과 같다"라고 말했습니다. 아직까지는 다음 세대에 나타날 피임약의 영향을 예견하기엔 이르지만 이것 역시 유전학자들이 크게 우려하고 있는 바입니다.

피임약을 복용하던 여자가 약을 끊으면 임신 능력은 한동안 크게 증가됩니다. 그러나 반대의 효과가 나타날 수 있습니다. 몇 달 동안 복용했던 피임약으로 인해 월경이 멈추거나 불규칙해지는 등, 난자의 정상적인 배출이 억제될지도 모릅니다. 그 결과로 불임이 생길 수 있고 만약 바로 치료받지 않으면 영구히 계속될 수 있습니다. 물론 이러한 부작용이 일반적인 것은 아니지만, 예측 불가능한 것임은 주지해야 합니다. 비극적인 결과에 이를 가능성도 있는 것입니다.

심리적인 영향 또한 큽니다. 어느 소녀가 한 말입니다. "만일 제가 성적 모험을 대비해서 계산적으로 피임약을 매일 복용한다면 저는 창녀가 된 기분일 거예요."

카린은 잠시 생각하는 듯했습니다. "그러면 애무는 어떤가요? 애무가 이 모든 문제를 해결해 주지 않을까요?" 내가 애무

가 무엇을 의미하느냐고 물었을 때 그녀의 대답은 단순히 손을 잡거나 키스하는 것이 아니었습니다. 그것은 상대방이 오르가즘을 느낄 때까지 상대의 성기를 만져 주는 일종의 상호 자위 행위를 의미했습니다. 이런 방식으로 하면, 임신에 대한 두려움이나 피임약의 부작용을 염려하지 않고, 또는 불임 기간을 손꼽을 필요도 없이 성적 쾌감을 맛볼 수 있다는 것입니다.

그런 방법은 완전한 성교가 아니기 때문에 양심의 가책이 훨씬 덜할 것입니다. 하지만 나는 이런 방식으로 하나님을 따돌릴 수 있는지 묻고 싶습니다. 이런 생각을 지닌 그리스도인들을 만난 적이 있습니다. "어쨌거나 '마지막'까지는 가지 않았다!"

그런 방식이 이상적인 해결책으로 보이지만 결코 그렇지 않습니다. 그것은 헛다리를 짚은 것이고 막다른 골목길에 불과합니다.

임신을 피하기 위한 방법으로 사용되는 애무는 그다지 안전하지 못합니다. 애무를 통해서 원치 않은 아이가 생기는 비율은 상당히 높습니다. 남성의 정액은 극히 적은 양이라도 질에 들어가기만 하면 수태할 가능성이 충분합니다. 애무로 시작한 많은 커플이 멈추지 못하고 결국 완전한 성적 결합으로 끝마치게 되는 것이 사실입니다. 그들의 의도와는 다르게 말입니다.

널리 알려지지 않았지만 이보다 더 중요한 사실이 있습니다. 소녀들이 성적 쾌감을 경험하는 방식은 두 가지입니다. 만족감을 주지 못하는 피상적인 방식과, 깊은 만족감을 주는 방식이 있습니다. 후자는 같은 파트너와 오랜 기간에 걸친 조화로운 관계를 요구하기에 정상적인 결혼 생활에서만 가능합니다. 전자의 방식에서 후자의 방식으로 발전해 가는 아내들은 그런 피상적인 방식이 유치하고 미성숙한 단계임을 압니다. 깊고도 흡족한 경험을 하게 될 때 그들은 처음으로 정말 여자가 된 것 같다고 말합니다.

애무를 통해 어설프게 시작한 소녀들은 비정상적인 방식에만 익숙하게 됩니다. 훗날 결혼을 했을 때, 그들은 깊고 만족스러운 경험을 하기까지 상당한 어려움을 겪기 쉽습니다. 그러면 자신과 남편 모두 불행해집니다.

그런 이유로 사랑은 다시 한 번 상처를 입습니다. 결혼이 아닌 섹스만을 원하는 사람은 사랑을 배울 수 없을 뿐 아니라 사랑

을 지킬 수도 없습니다. 그는 성숙하지 않은 사람이며, 성숙할 수도 없습니다.

몇 년 전, 대학에 갓 입학한 어떤 여학생이 나와 이야기를 나누면서 애무를 '아름다운 것'으로 변호한 적이 있었습니다. 최근 그녀가 내게 편지를 보냈는데 지금은 애무에 대해 부끄럽게 생각하고 있으며 자신이 애무를 잘못 사용했다고 느낀다고 했습니다. 또한 미래의 남편이 누구인지 알지 못하지만, 과거의 경험 때문에 남편 앞에서 부끄러움을 느끼게 될 것 같다고 말했습니다.

말이 나온 김에 이와 관련된 몇 가지를 간단히 지적하는 것이 도움이 될 것 같습니다. 진한 애무에 빠졌던 상대방과 헤어진 사람들은 곧잘 자위 행위에 빠집니다. 이것은 남성뿐 아니라 여성들도 그렇습니다.

자위 행위는 도움을 요청하는 부르짖음과 같습니다. 그러나 내 경험에 의하면, 이 경우 도움을 필요로 하는 각 사람에게 각기 다른 방식의 도움을 주어야 합니다. 좀더 구체적으로 말하자면 당신이 이러한 길에 들어섰다면 혼자 고민하지 말고 믿을 만한 사람을 찾아 그와 문제를 의논하십시오.

도움이 필요하다면

카린은 다시 물었습니다. "왜 아무도 제게 이런 것들을 말해 주지 않았을까요?"

나는 대답했습니다. "카린, 나 역시 사람들이 왜 이런 문제에 대해 침묵하는지 궁금하기 그지없단다. 아마 양심의 가책에서 비롯되는 것인지도 모르겠구나. 혹은 실패를 경험한 사람이 권위에 대한 상실감을 갖고 있기 때문에 그럴 수도 있겠지. 하지만 넌 어때? 아이들에게 더 좋은 엄마가 될 수 있겠니?"

"맞아요." 그녀는 수긍했습니다. "저는 남자친구에게 '좋아' 하고 말했을 때 양심의 가책을 느꼈어요. 그건 내 영혼에 고통을 주었죠. 겉으로는 행복한 척했지만 사실은 흐느껴 울고만 싶었답니다."

"네가 그렇게 울기만 했더라도 그가 마지막까지 가지는 않았을텐데. 네가 그에게 '남자'라는 사실을 인식시켰더라면 그는 널 보호했을 거야. 그러나 네가 행복한 척했기 때문에 널 행복하게 해주고 싶었던 것 같구나. 그렇게 해서 그는 너에게 상처를 주게 된 거야."

"전 그것을 이해할 수 없어요." 그녀가 말했습니다. "전 원치 않았지만 그는 원했어요. 그런데 제가 양보했을 때 그는 흥미를 잃더군요. 그에게는 그것이 끝이었어요. 제겐 그것이 시작이었는데 말이에요. 그가 이 사실을 이해할 방법은 없나요?"

"카린, 그는 이해할 수 없단다."

"왜죠?"

"왜냐하면 그는 남자이고 넌 여자이기 때문이야."

"하여간 이젠 너무 늦었어요. 이미 엎질러진 물을 어떻게 담을 수 있겠어요. 다 소용없는 일이에요. 제 삶은 엉망이 되어 버렸어요."

"아니야. 넌 실수를 한 것뿐이야. 하나님께 너무 늦은 것이란 없단다. 엉망이 되어 도저히 바로잡을 수 없다고 포기하시는 분이 아니지. 하나님은 전능하시단다. 하나님은 용서하시는 분, 깊은 죄악도 진정한 사랑으로 치유하시는 분임을 알지 않니? 용서란, 이미 행해진 일도 없었던 것으로 만드는 것을 의미한단다."

당신은 이 고통을 영혼 속에 계속 지니고 살아갈 필요는 없습니다. 새로운 시작의 가능성을 찾으십시오. 만일 당신이 새 출

발의 걸음을 내딛기 원한다면 두 가지 조언을 하겠습니다.

첫째로, 당신 혼자서는 해 내기 어렵습니다. 경험이 많은 영적 상담자의 도움을 받으십시오.

둘째로, 어중간한 상태에서 단념하지 말기를 바랍니다. 이 새 출발을 완전한 것으로 만드십시오. 이제는 정말로 '마지막'까지 갈 기회가 있는 것입니다. 엉망이 된 것을 온전히 치유하기 위해서는 성적 영역에서의 해결에만 머물러서는 안 됩니다. 어둠으로 물든 구석구석을 정돈해야 합니다. 한 가지 계명을 어긴 것만 고백함으로 그치지 말고, 하나님 앞에서 자신이 어긴 다른 계명도 고백해야 합니다. 빛 가운데 남김 없이 드러내야 합니다.

우리가 성의 영역에서 실패하고 좌절하는 이유는 다른 영역에서 하나님의 뜻을 무시하고 타협과 불순종으로 살기 때문인지도 모릅니다.

예수님은 "내게 오는 자는 내가 결코 내쫓지 아니하리라"(요 6:37)라고 말씀하십니다.

이 약속은 조건 없이 당신에게도 주시는 말씀입니다. 이제 두려움을 떨쳐 버리고 그분의 제안을 받아들일 수 있어야 합니다.

예수님과 함께라면 '마지막'까지 갈 만한 가치가 있습니다.

왜냐하면 사랑은 은혜를 따라 배워야 하는 감정이기 때문입니다.

어떤 사랑 이야기

- 잉그릿 트로비쉬

* 이 내용은 월터 트로비쉬의 아내인 잉그릿 트로비쉬가 쓴
「아름다운 자신감」(IVP 역간)에서 발췌한 것입니다. —편집자 주.

낭만 대 사랑

때로 여성들은 낭만과 사랑을 혼동합니다. 물론 사랑에는 낭만도 포함되어 있지만, 반드시 그런 것은 아닙니다. 마조리 홈즈(Marjorie Holmes)가 낭만과 사랑의 차이점을 어떻게 표현했는지 살펴봅시다.

낭만은 하늘로 날아오르지만,

    사랑은 땅 위에 안착합니다.

낭만은 완벽을 추구하지만,

    사랑은 허물을 용서합니다.

낭만은 곧 스러지지만,

    사랑은 오래 갑니다.

낭만은 달콤한 말을 속삭여 줄 전화 한 통을

    애타게 기다리지만,

    사랑은 그가 행복하고 안전하다고 안심시켜 주는

    전화 한 통을 애타게 기다립니다.

낭만은 서로에게 매력적으로 보이려고 안간힘을 쓰지만,

    사랑은 외모가 어떠하든 서로 안에서 아름다움을 발견합니다.

낭만은 그윽한 달빛 아래서 촛불이 흔들리는 식탁을 사이에 두고 서로를 간절하게 바라보며 춤추는 것이지만, 사랑은 한밤중에 아이가 칭얼댈 때 비척거리며 우유병을 데우거나 아이를 다독이러 가면서 이렇게 말하는 것입니다. "여보, 당신 피곤할테니, 이번엔 내가 일어날게요."

낭만은 살랑거리며 관심을 끌지만,
　사랑은 진정으로 마음을 씁니다.

낭만은 긴장과 기대와 기발함이지만,
　사랑은 의지할 수 있는 믿음입니다.

낭만은 짜릿한 흥분이지만,
　사랑은 부드럽고 꾸준하게 품어 줍니다.

낭만은 입에 달지만
　사랑은 몸에 좋습니다.

낭만은 끝이 있지만,

　사랑은 끝이 없습니다.

　이십대에 나는 불어권 카메룬 지역에서 약 2년 동안 교사 자격으로 선교사 생활을 한 적이 있습니다. 일주일에 한 번씩 우체국에서 편지 꾸러미를 받았는데 그 중에서 단연 나의 관심을 끌었던 편지가 있었습니다. 바로 독일 루드비히샤펜의 5,000명 가량의 교인이 모이는 교회의 젊은 목사가 보낸 작고 푸른색 항공 편지였습니다. 그는 나에게 청혼했고, 우리는 1951년 10월 15일 각자 서로 다른 대륙에서 약혼식을 했습니다. 그 날 저녁, 나는 우체국에 딸린 오렌지나무 숲으로 걸어갔습니다. 아프리카의 달밤과 오렌지꽃 향기는 자못 낭만적인 분위기를 풍겼습니다. 그러나 내 마음은 갈피를 못 잡고 있었습니다. '약혼을 이런 식으로 해도 되는 것일까?' 게다가 우리는 그 사실을 비밀에 부치기로 했습니다. 결혼 날짜를 언제로 잡아야 할지 도무지 알 수 없었기 때문입니다.

　마침내 기다림의 끝이 왔습니다. 여러 선교사님들이 크리스

마스 휴가를 맞아 자녀들을 데리러 오면서 우리 선교사 공동체의 특별 모임이 열렸습니다. 그 곳에서 나는 동료들에게 약혼 사실을 알렸습니다. 그리고 그들은 투표를 통해, 한 학년이 끝날 때 내게 휴가를 주기로 결정했습니다. 내 동생은 웨딩드레스 옷본과 비단, 무늬가 있는 얇은 모슬린을 보내 주었고, 나는 매주 토요일 오후 행복에 젖어 몇 시간씩 내 웨딩드레스를 박고 장식했습니다. 당시에는 전기가 없었기 때문에, 작은 휴대용 재봉틀을 직접 손으로 돌리면서 만들었습니다. 그리고 드레스가 완성되었을 때 학생들 앞에서 시범으로 그 드레스를 입어 보았습니다. (그리고 25년 후 내 딸이 캠브리지 대학교에서 그 웨딩드레스를 입었습니다.)

드디어 학년의 마지막 날이 되었습니다. 내 여행 가방은 이미 다 꾸려져 있었고, 느곤데까지 따로 부치기로 되어 있었습니다. 나는 느곤데에서 샤드의 포트 라미까지 가는 비행기를 탄 다음, 거기서 야간 비행기를 타고 파리까지 갈 예정이었습니다. 에어 프랑스 비행기를 타는 순간, 나는 일종의 문화 충격을 느꼈고 그렇게 친숙하던 아프리카 사람들의 얼굴이 주변에 없음을 깨달았습니다. 차갑고 약간은 거리감이 느껴지는 '백인의' 세계로 들어서고 있었던 것입니다. 우아한 비행기 안에서 내 자리를 찾아 앉으며 나는 잠시 몸을 떨었습니다.

이 때쯤이면 나에게도 찾아오리라 기대했던 마냥 고양되는 느낌, 심지어 자신감은 모두 어디로 간 것이었을까요? 그 날 밤, 비행기가 사하라 사막을 건널 때 나는 도통 잠을 이룰 수 없었습니다. 유럽에서 기독교 결혼 상담 영역의 선구자인 테오 보베의 말이 떠올랐습니다.

처음에는 사랑할 사람을 선택합니다. 그 다음부터는 선택한 사람을 사랑하는 겁니다.

온전히 느낄 수는 없었지만 내가 옳은 방향으로 가고 있음을 알고 있었습니다.

이틀 후 파리에서 독일의 카이저슬라우테른으로 가는 주간 열차 이등칸에 자리를 잡았습니다. 이 열차에서 내리면, 2년 동안 만나지 못했던 한 남자를 만나게 되리라. 나와는 다른 언어를

말하고, 다른 유산을 물려받은 한 남자를. 제2차 세계대전 때 그는 저쪽 편에서, 우리 오빠 둘은 이쪽 편에서 싸웠습니다. 차창 밖으로 보이는 풍경은 전쟁의 상흔을 그대로 드러내고 있었습니다.

때는 1952년 5월 15일이었고, 우리는 2주 후 만하임에서 결혼식을 올릴 예정이었습니다. 내 손가방에는 아직 열어 보지 않은 파란색 편지가 여권 옆에 얌전히 들어 있었습니다. 편지 봉투에는 이렇게 쓰여 있었습니다. "열차를 탈 때까지는 열어 보지 않기."

내 좌석 칸에는 나 혼자 타고 있었고, 드디어 나는 편지를 꺼냈습니다. 월터의 큼직하고 또박또박한 독일어 필기체가 흐르고 있었습니다. 나는 편지를 읽기 시작했습니다.

사랑하는 잉그릿,

지금 이 시간은 당신에게 가장 소중한 시간이 아닐까 싶어요.

이제 몇 시간 후면, 당신은 어떤 한 사람을 만나게 되겠지요. 지금까지 만났던 사람들과는 전혀 다른 방식으로 말이지요. 당신은 그 사람을 만나 삶을 함께하게 되겠지요. 그가 어떤 사람인지, 어떻게 빚어져 왔는지가 당신의 전 인생에 결정적인 영향을 미치겠지요. 그래서 이 만남이 더욱 특별한 것입니다.

당신이 만나게 될 사람은 사람입니다. 하나님이 아니지요. 결점도 많고 약점도 많은, 자신과 끊임없이 싸우는 사람입니다. 그는 당신의 우상이 되기를 원치 않습니다. 그저 있는 모습 그대로의 자신이 되고 싶을 뿐이죠. 그리고 있는 모습 그대로 당신의 사랑을 받고 싶어합니다.

당신이 만나게 될 사람은 남자입니다. 이 말은, 적어도 처음에는 그가 자기의 가장 깊은 감정을 숨길 거라는 의미지요. 왜냐하면 그런 걸 드러내는 것은 남자답지 못하다고 생각하고 있거든요. 그러면서도 그의 마음은 이 순간의 황홀함에 흠뻑 빠져 있습니다. 그래서 그는 오히려 이 만남이 아주 일상적인 것인 양 행동할 겁니다. 만나서 처음 몇 분은 아마도 쉽

게 떠오르는 현실적인 일들에 관한 대화로 훌쩍 넘어가 버릴 겁니다. 그런 대화 소재가 있다는 데 안도하면서 말이죠. 그는 깊은 내면의 감정을 숨기려고 애쓸 것이고 그게 성공하면 자못 뿌듯해할 겁니다. 남자들이란 그렇게 어리석습니다. 그러니 그런 그의 태도에 속으면 안 됩니다. 그의 진실이 무엇인지 아는 것은 당신이 어떻게 바라보고 인식하느냐에 달려 있습니다.

하지만 늘 그렇지는 않을 겁니다. 다만 당혹스러운 첫 순간을 잘 넘겨 보려는 것일 뿐, 당신이 오직 그만의 사람이 되는 호젓한 곳에서는 자기의 감정을 솔직하게 보여 줄 수 있습니다.

당신 말고는 그가 자신을 그렇게까지 열어 보여 준 상대가 없었습니다. 그가 당신과의 만남을 생각할 때 떨리는 이유도 바로 그 때문이지요. 당신이야말로 자신의 속내를 다 보여 줄 만한 사람이라는 걸 아는 것이죠. 하나님께 자신의 속내를 다 열어 보여 드렸듯이…. 그래서 떨리긴 하지만 그만큼 거룩한 기쁨에 젖어 있습니다. 그런 상대가 존재한다는 데서 오는 기쁨 말입니다.

그는 당신을 사랑합니다. 그는 당신을 있는 모습 그대로 받아들이기로 결심했습니다. 그로서는 그렇게 결심하기가 어렵지 않았지요. 왜냐하면 다른 사람한테는 절대로 그럴 수 없을 것임을 알고 있으니까요.

그는 당신을 사랑합니다. 그는 자신을 당신에게 줄 준비가 되어 있습니다. 또한 이 만남 이후로는 자신이 예전과는 다른 사람이 될 것임을 알고 있습니다. 다른 누군가가 그를 변화시키는 건 바라지 않지만, 당신에게서는 그런 일을 기대합니다. 그는 당신 앞에서는 부끄러워하지 않습니다.

그는 당신을 사랑합니다. 그는 자기에게 있는 모든 것을 당신에게 주기를 바랍니다. 하나님은 그에게 많은 것을 주셨습니다. 그것을 당신에게도 줄 수 있기에 그는 무척 행복합니다. 그는 무엇이든 혼자 갖기를 원치 않습니다. 자신의 사역 속에서, 다른 사람들을 향한 섬김 속에서, 일 속에서, 그는 당신의 마음을 사로잡고 싶습니다.

열차가 몇 번 더 정차하고 나면, 그가 당신 앞에 서 있을

것입니다. 침착하고 평온한 마음을 가지세요. 하나님이 우리 인생에 허락하신 가장 멋진 시간은, 우리가 침착하고 고요한 마음을 유지할 때 더 큰 능력을 발휘한답니다.

당신의 월터가.

어쩌면 월터가 이 열차 편지에서 내게 하고 싶었던 말의 의미를 40년의 세월이 흐른 지금에서야 겨우 이해하기 시작했는지도 모르겠습니다. 이 편지에는 낭만이 별로 없지만 사랑은 가득합니다. 나는 아직도 그 사랑의 저수지에서 물을 길어올립니다. 무덤을 넘어서, 그리스도의 사랑을 비추어 주는 그의 사랑 안에서.

함께 읽으면 좋은 책

서로를 이해하기 위하여
폴 투르니에 지음 | 정동섭 옮김 | 신국 변형 양장 102면

저자는 인간에 대한 깊은 이해를 바탕으로 자신이 만난 수많은 부부들의 이야기를 예로 들어 가면서 남자와 여자가 서로 더 잘 이해하도록 돕는 열 가지 방법을 제시한다.

이스라엘에서 온 남자, 모압에서 온 여자
노옴 웨이크필드 외 지음 | 윤귀남 옮김 | 신국 200면

룻과 보아스의 아름다운 성품은 상대방을 매혹시켰을 뿐 아니라 그들이 맺고 있는 많은 관계를 놀랍게 변화시켰다. 은혜, 순종, 경건, 지혜, 온유, 끈기, 베풂, 겸손 등 관계를 풍성하게 해주는 성품으로 안내한다.

데이트와 사랑의 미학
조이스 허기트 지음 | 정옥배 옮김 | 신국 270면

이성 교제와 그에 따른 성 문제로 고민하는 청년들을 위한 안내서. 현대 젊은이들의 의식과 문제점에 대한 이해를 바탕으로, 그들이 가진 솔직한 질문에 대한 솔직한 답변을 제공하고 성경적 해결책을 모색한다.

아름다운 자신감
잉그릿 트로비쉬 지음 | 김성녀 옮김 | 신국 240면

아픔이 많은 세상에서 여성은 어떻게 자기 연민을 극복하고 삶을 주체적으로 살아갈 수 있을까? 내면에서 비롯되는 강한 자신감을 소유한 저자가 평생의 경험과 통찰을 바탕으로 자기 용납의 비결, 가치 있는 독신의 삶, 당당한 인간 관계, 자신감의 영적 원천 등을 부드럽게 제안한다.

지은이 소개

월터 트로비쉬(Walter Trobisch, 1923-1979)는 독일 라이프치히 태생으로, 아내 잉그릿 트로비쉬와 함께 수 년 동안 아프리카에서 사역하였으며 데이트와 결혼, 성 문제에 관한 깊은 이해와 솔직한 접근법으로 수많은 젊은이들을 도왔다.
Family Life Mission이라는 가정 사역 단체를 설립하였고 본서 외에 「나는 너와 결혼하였다」, 「너 자신을 사랑하라」(이상 생명의 말씀사) 등의 저서가 있다.

사랑은 배워야 할 감정입니다

초판 발행_ 1987년 4월 5일
제2판 발행_ 1996년 11월 25일
제2판 10쇄_ 2005년 11월 15일
제3판 발행_ 2007년 5월 10일
제3판 6쇄_ 2018년 3월 5일

지은이_ 월터 트로비쉬
펴낸이_ 신현기

펴낸곳_ 한국기독학생회출판부
등록번호_ 제313-2001-198호(1978. 6. 1)
주소_ 04031 서울시 마포구 동교로 156-10
대표 전화_ (02)337-2257 팩스_ (02)337-2258
영업 전화_ (02)338-2282 팩스_ 080-915-1515
홈페이지_ http://www.ivp.co.kr 이메일_ ivp@ivp.co.kr
ISBN 978-89-328-2546-5

ⓒ 한국기독학생회출판부 2007

책값은 뒤표지에 있습니다.
무단 전재와 복제를 금합니다.